10 IDEAS para superar EL RACISMO

Textos de **Eleonora Fornasari**
Ilustraciones de **Clarissa Corradin**

algar

ÍNDICE

LOS PRIMEROS PASOS 4

UTILIZA BIEN LAS PALABRAS 6

PARTICIPA EN FIESTAS QUE NO CONOCES ● 10

DESCUBRE DE DÓNDE VIENES Y SIÉNTETE SIEMPRE ORGULLOSO DE TUS ORÍGENES 14

EXPLORA LOS BARRIOS ÉTNICOS/MULTICULTURALES DE TU CIUDAD ● 18

DESCUBRE EL PASADO PARA ENTENDER EL PRESENTE ● 22

ENFRÉNTATE A QUIEN EXPRESE IDEAS RACISTAS ● 26

PROMUEVE OCASIONES PARA EL ENCUENTRO Y LA AMISTAD ● 30

APRENDE PALABRAS EN OTRAS LENGUAS ● 34

FUERA LOS DISCURSOS DE ODIO ● 36

NO TE QUEDES CALLADO ● 38

LOS PRIMEROS PASOS

HOLA, Y BIENVENIDO A ESTAS PÁGINAS EN LAS QUE AFRONTAREMOS JUNTOS UNA CUESTIÓN MUY DELICADA, PERO TAMBIÉN IMPORTANTÍSIMA: INTENTAREMOS ENTENDER ¡CÓMO PODEMOS SUPERAR EL RACISMO!

¿SABES QUÉ ES EL RACISMO?

Es posible que hayas oído hablar de él, o quizás incluso te lo has encontrado en miradas, palabras o actitudes capaces de herir.
La palabra *racismo* se refiere, de hecho, a una forma de discriminación y de odio, por desgracia muy difundida todavía hoy, contra quien es diferente a nosotros por su procedencia, color de la piel, lengua, religión...

Así pues, para quien tiene una mentalidad racista, la diversidad se convierte en un problema y se olvida de que son precisamente nuestras diferencias, nuestras características físicas y nuestras convicciones las que

NOS HACEN ÚNICOS E IGUAL DE IMPORTANTES. ¡ES COSA DE TODOS, Y TENEMOS QUE ESTAR UNIDOS EN EL OBJETIVO DE PARAR LA DIFUSIÓN DEL RACISMO!

¡Intentemos imaginarnos juntos cómo lo podemos hacer!

ESTE LIBRO TE PROPONE ALGUNAS IDEAS.
EXACTAMENTE, 10 IDEAS FÁCILES PARA SUPERAR EL RACISMO.

¿CÓMO?

Primero, a través de la amistad, la curiosidad y la voluntad de descubrir precisamente
lo que es diferente de ti. Será como hacer un viaje alrededor del mundo...
¡sin moverse de casa!
Lo segundo, y fundamental, es compartir con tus amigos
(¡sobre todo con aquellos que no tengan las cosas claras sobre el racismo!)...

LAS IDEAS QUE MEJOR SE AJUSTEN A VOSOTROS.
Y ahora...

¡DISFRUTA DE LA LECTURA!

UTILIZA BIEN LAS PALABRAS

Siempre es importante prestar atención al significado de las palabras, y muy especialmente al de la palabra *racismo*, porque representa una manera de pensar y puede crear comportamientos extremadamente peligrosos.

SIEMPRE TENEMOS QUE ELEGIR LAS PALABRAS CON MUCHO CUIDADO Y UTILIZARLAS DE MANERA CORRECTA PARA NO HERIR, CLASIFICAR DE FORMA INADECUADA NI, EN GENERAL, DISCRIMINAR A QUIEN LAS ESCUCHA.

A MENUDO LAS PALABRAS SE UTILIZAN DE FORMA SUPERFICIAL, Y ESTO CREA MALENTENDIDOS.

Por ejemplo:
Viendo la televisión o leyendo las noticias en línea, te puedes haber encontrado con expresiones como *migrantes, personas en una situación administrativa irregular* o *refugiados*. Normalmente, hacen referencia a personas que han dejado su país para buscar mejores condiciones de vida en otro lugar.

Y, aun así, ¡hay grandes diferencias de significado entre ellas!

- Una persona migrante, por lo general, deja la propia tierra voluntariamente para buscar en otro lugar nuevas posibilidades y oportunidades, y respeta las leyes de la nación que la acoge.

- Una persona en una situación administrativa irregular entra en un país extranjero de manera irregular, es decir, sin haber obtenido los permisos necesarios.

- ¿Y el refugiado? Se denomina así a quien, obligado a alejarse de la propia patria por motivos graves, como, por ejemplo, guerras, invasiones, persecuciones o catástrofes naturales, busca ayuda en otro lugar para sí mismo y, a menudo, también para su familia.

POR LO TANTO, RECUERDA, ESTAS TRES EXPRESIONES TIENEN SIGNIFICADOS PRECISOS Y MUY DIFERENTES ENTRE SÍ: ¡ES IMPORTANTE ENTENDERLAS Y UTILIZARLAS CON CUIDADO!

También puede suceder que te des cuenta de que una misma palabra tenga un significado para ti, pero uno muy distinto para una amiga tuya: esta es una buena ocasión para pararse un momento a reflexionar sobre el tipo de lenguaje que utilizas, quizás de manera irreflexiva.

● **RECUERDA QUE** hay un instrumento infalible para entender si tus palabras pueden molestar a los demás: la empatía.

¿SABES QUÉ ES LA EMPATÍA? Es la capacidad de ponerte en el lugar de los demás para intentar comprender su estado de ánimo y sus sentimientos. Seguro que te ha pasado alguna vez que te han llamado de una manera que no te gustaba, ¿verdad?

Por ejemplo, «cuatro ojos» si llevas gafas, u «ojos achinados» si eres de origen asiático. O «jirafa» si eres muy alto y tienes las piernas largas...

Intenta saber si, poniéndote en el lugar de tus amigos, te parecerían ofensivas o dolorosas tus palabras, y, si es así...

...INTENTA ENTENDER POR QUÉ.

Si después te das cuenta de que has ofendido a alguien (aunque haya sido sin querer), solo hay una cosa que puedes hacer:

PEDIR PERDÓN.

EFECTIVAMENTE, TODOS PODEMOS EQUIVOCARNOS, PERO LO IMPORTANTE ES DARSE CUENTA Y REMEDIARLO. ¡«PERDÓN» ES LA MEJOR PALABRA PARA HACERLO!

Y SI NO ES SUFICIENTE CON LAS PALABRAS, SIEMPRE PUEDES PASAR A LA ACCIÓN.

Seguramente haya algo que puedas hacer para disculparte. En el fondo, es así como se demuestra la amistad, ¿no?

02 PARTICIPA EN FIESTAS QUE NO CONOCES

Según un dicho famoso, el mundo «es bonito porque es diverso». Efectivamente, en nuestro hermoso planeta viven muchos pueblos diferentes y cada uno tiene una cultura y unas tradiciones propias. Hay quien celebra la Navidad y hay quien el Año Nuevo chino, Acción de Gracias o el primer día de colegio. Sí, lo has entendido bien: en Alemania, en esta ocasión tan especial, los niños reciben un cucurucho de papel lleno de caramelos junto con las ceras de colores, los lápices y todo lo que necesitan para empezar el nuevo curso escolar.

ES FUERTE, ¿NO?

Las tradiciones, en el fondo, nos hablan de los orígenes: una fiesta especial o una costumbre también nos pueden hacer descubrir pueblos y culturas diferentes. ¡Pero de manera divertida! A veces, algunas son tan bonitas que otros países las «adoptan».

POR EJEMPLO, HALLOWEEN ES UNA FIESTA AMERICANA...

¡PERO ACTUALMENTE SE CELEBRA EN MUCHOS LUGARES DEL MUNDO!

- **CONOCER FIESTAS DIFERENTES A LAS TUYAS TE AYUDA, TAMBIÉN, A DESCUBRIR COSAS NUEVAS.**

Y si al principio las diferencias te preocupan, pronto descubrirás que son fuentes de enriquecimiento personal.

- ¿Esa amiga tuya de origen rumano lleva un colgante grande con una flor atada a un cordel rojo y blanco? Si te fijas, verás que lo lleva siempre el primer día de primavera: de hecho, es su manera tradicional de dar la bienvenida a la nueva estación.

- ¿Tu compañero de clase es judío? Entonces puede que algún día te cuente que a los trece años celebrará una gran fiesta religiosa que se llama *bar mitzvá*.

- Por otra parte, ¿tus vecinos de edificio de origen brasileño celebran el Carnaval durante cuatro días? Claro, es que para ellos es la fiesta más importante y lo esperan durante todo el año.

EN RESUMEN, CADA UNO CELEBRA SUS PROPIAS FIESTAS.

¿POR QUÉ NO LES PREGUNTAS A TUS AMIGOS QUÉ FIESTAS SON LAS PRINCIPALES PARA ELLOS?

¡Ya verás como es más divertido y sorprendente de lo que crees! Después puedes hacer tú lo mismo, y explicar qué significan para ti y qué haces normalmente con tu familia en estas ocasiones. ¿Sabes que hay fiestas —como la Navidad— que se celebran de manera diferente según el país?

Por ejemplo, en Dinamarca los niños se visten de rojo como si fueran duendes, con un gran sombrero puntiagudo. En Finlandia, en cambio, se prepara un arbolito... para los pajaritos, ¡muy bien decorado con deliciosas semillas! En algunas regiones del Canadá, los niños van cantando de casa en casa para recoger monedas y dulces. Además, aparte del país de origen, cada familia tiene sus costumbres y sus pequeños «rituales»: los de tu mejor amiga, que también celebra la Navidad, podrían ser diferentes de los tuyos.

POR LO TANTO, ¿POR QUÉ NO LOS DESCUBRÍS JUNTOS?

¡PERO PARA CONOCER DE VERDAD ALGO, LO MEJOR QUE SE PUEDE HACER ES PARTICIPAR!

Así que, ¡no dudes en probarlo tú también!

Hay muchas costumbres y muchas fiestas, y cada una es expresión de una civilización que se ha desarrollado a lo largo de los siglos y que tiene raíces profundas. En cada tradición, sea la que sea, late siempre el alma de un pueblo. En todo caso, celebrarlas con los amigos descubriendo otras festividades es siempre muy divertido...

...¡Y APRENDERÁS MUCHÍSIMAS COSAS NUEVAS!

03 DESCUBRE DE DÓNDE VIENES Y SIÉNTETE SIEMPRE ORGULLOSO DE TUS ORÍGENES

¿ESTÁS SEGURO DE QUE SABES DE DÓNDE VIENES?

«Claro», contestarás. Sé dónde he nacido y también dónde han nacido mis padres y también mis abuelos. ¡Muy bien! ¿Y los bisabuelos? Quizás te sorprendería descubrir que el padre de tu abuela nació, por ejemplo, en Italia, pero después pasó toda su vida en Alemania. O que aquel tío lejano creció en Túnez y que, por lo tanto, hablaba árabe.

PERO ¿POR QUÉ TENDRÍAS QUE CONOCER CUÁLES SON TUS RAÍCES?

Te pueden ayudar a entender más a fondo a tu familia, pero también a los demás. Y, además, ¡vete a saber la cantidad de información interesante que puedes descubrir! Quizás la historia de tu familia se parezca a la de tu compañero de baloncesto, que, sin embargo, no ha nacido en tu país. Y quizás entre tus parientes haya alguien que ha hecho un largo viaje (¡para ir a otro país o para llegar al lugar donde ahora vives tú!).

Así pues, es el momento de ponerte manos a la obra…

¿POR DÓNDE PUEDES EMPEZAR?

Ante todo, necesitas papel y bolígrafo. O un móvil (o una tableta) para grabar las entrevistas. Sí, lo has entendido bien.

EL PRIMER PASO ES HACER ALGUNAS PREGUNTAS.

- Pero ¿a quién? Por ejemplo, a tus parientes más próximos: pide información a mamá y a papá y, si tienes la posibilidad, a tus abuelos o a algún tío con buena memoria. Puedes preguntarles dónde y cuándo nacieron ellos, y después sus padres y los padres de sus padres... ¡y más todavía! ¡Tal vez llegues a conocer la historia de tu familia hasta tus tatarabuelos! Cuanto más lejos consigas ir, más cosas descubrirás.

- Quizás haya incluso viejos diarios o álbumes de fotografías que te puedan ayudar en la investigación.
Y cuando hayas recogido todo este material, ¿qué harás?

Un...
¡ÁRBOL GENEALÓGICO! VERÁS QUÉ DIVERTIDO.

ESTO ES LO QUE NECESITAS...

Papel, tijeras, pegamento, algún rotulador, fotos impresas de tus familiares (si no tienes fotos, ¡puedes hacer un dibujo!) y tus notas.

SI TIENES FOTOGRAFÍAS, ¡ACUÉRDATE DE MIRARLAS CON MUCHA ATENCIÓN!

¡Podrías descubrir que tu bisabuela tiene tu nariz o que tu tío tiene la barbilla igual que la de tu hermano!

Ahora pide ayuda a mamá y papá, o a tus hermanos y primos, o a tus abuelos: ¡así será más bonito todavía! Juntos podréis descubrir cómo está formada vuestra familia.

VALE, PERO ¿CÓMO SE HACE UN ÁRBOL GENEALÓGICO?

- Para empezar, ve a por una hoja, o, si puede ser, una cartulina mucho mejor (¡tendrás mucho más espacio a tu disposición!).
- Dibuja un árbol con tantas ramas principales y secundarias como miembros tenga tu familia.
- Y ahora la parte más importante: escribe los nombres de tus familiares sobre las ramas (y, si la sabes, la fecha o el año de nacimiento) y pega sus imágenes.

¿CÓMO? Empieza por los tatarabuelos (o por los parientes más lejanos que tengas): escribe sus nombres en las ramas más altas del árbol. Después, en las ramas de debajo, pon a sus hijos, o sea, a tus bisabuelos (los padres de tus abuelos). Tendrás los paternos y los maternos, por lo tanto, ¡dos pares de ramas!

INTÉNTALO, ¡ES MUCHO MÁS FÁCIL DE HACER QUE DE EXPLICAR!

- Después de tus bisabuelos, es el momento de incluir a tus abuelos: habrá de nuevo un par de ramas para los padres de tu padre y otro para los de tu madre.
- Llegados a este punto, siempre debajo, introduce a tus padres y a tus tíos y tías.
- Finalmente, en las ramas más bajas, pon a tus hermanos y hermanas, a los primos (los hijos de tus tíos) y… ¡tu fotografía!

EL ÁRBOL ESTÁ LISTO. ¿Ahora ves dónde estás? Abajo del todo, porque hace poco que has nacido. Y, subiendo, están todos los demás. ¿Falta alguien? Ningún problema: ¡añade todas las ramas que necesites! Y decóralo como más te guste: flores, frutas, hojas…

QUÉ BONITOS TUS ORÍGENES, ¿VERDAD?

04 EXPLORA LOS BARRIOS ÉTNICOS/MULTICULTURALES DE TU CIUDAD

LO HAS LEÍDO ANTES: PARA CONOCER DE VERDAD UNA COSA, ¡NO HAY NADA MEJOR QUE VIVIRLA EN PRIMERA PERSONA!

Sin embargo, no siempre se puede viajar e ir a un país lejano para descubrir nuevas culturas.

¿Y ENTONCES QUÉ SE PUEDE HACER?

Empieza por tu ciudad, u organiza una excursión a una ciudad vecina, y visita, con mamá y papá o con tus abuelos o con quien tú quieras, los barrios étnicos, es decir, las calles donde viven juntas determinadas comunidades, como la filipina o la latinoamericana, por ejemplo. Además, a veces diferentes comunidades extranjeras viven en la misma zona, en lo que se conocen como *barrios multiculturales*.

Esta es una manera de acercarte a culturas diferentes a la tuya, quizás con la ayuda de una amiga que viva allí y que te pueda guiar en la exploración.

JUNTOS SERÁ MÁS DIVERTIDO Y DESCUBRIRÁS MUCHAS COSAS, COMO, POR EJEMPLO,

¡LA COMIDA!

Cada comunidad, ya lo sabes, tiene sus tradiciones. Y los platos tradicionales forman parte de ellas. ¿Algunos ejemplos?
- Las tortillas de maíz vienen de México.
- Los *pancakes* son típicos de Norteamérica.
- El *naan* es un pan plano muy consumido en la India.

Cada nación tiene especialidades propias, así que ¿por qué no probarlas directamente de quien sabe prepararlas mejor? ¿Ya se te ha hecho la boca agua?

ENTONCES, ¿A QUÉ ESTÁS ESPERANDO?

¡Ve a explorar, experimenta y no tengas miedo de probar sabores nuevos!
Fíjate bien: hay mercados, panaderías, tiendas típicas... Observa con curiosidad mientras andas. Quizás veas un traje diferente o carteles escritos en un alfabeto que no conoces. Quizás escuches a algunas personas hablar en una lengua que no entiendes...

EN RESUMEN, IRÁS A PARAR A UN RINCÓN DEL MUNDO... ¡A POCOS PASOS DE CASA!

ALGUNAS GRANDES CIUDADES SON FAMOSAS PRECISAMENTE POR SUS BARRIOS ÉTNICOS.

- En Nueva York, por ejemplo, hay muchísimos: desde Little Italy, una pequeña Italia en el corazón de la ciudad americana, a Chinatown (la «ciudad china») con sus restaurantes con forma de pagoda, colores llamativos y banderines escritos con ideogramas.

- O también el East Village, habitado sobre todo por sudamericanos.

En resumen, quien vive allí puede explorar muchos trocitos de mundo... sin ni siquiera subirse a un avión.

Otra idea para visitar mejor un barrio étnico es buscar un guía turístico. En Europa ya hace algunos años que se conocen cada vez más los llamados *migrantour*. Se trata de breves excursiones guiadas por un acompañante multicultural que vive precisamente en el barrio que se quiere visitar y que, por lo tanto, puede contar muchas curiosidades sobre la historia y las tradiciones de su comunidad.

LA IDEA NÚMERO 4 QUE PUEDES VALORAR ES, EN RESUMEN, DAR UN PRIMER PASO, SENCILLO PERO ESTIMULANTE, ¡PARA CONOCER CULTURAS DIFERENTES A LA TUYA!

05 DESCUBRE EL PASADO PARA ENTENDER EL PRESENTE

Hasta ahora has aprendido a usar de manera correcta las palabras. Has encontrado algunas ideas para participar con tus amigos en fiestas diferentes de las tuyas y para explorar los barrios étnicos de tu ciudad. ¡También has aprendido cómo crear tu árbol genealógico! ¿Qué más puedes hacer para combatir el racismo? En el pasado, muchas personas han luchado para que nadie fuera excluido ni discriminado. En definitiva, para que todos tuvieran los mismos derechos.

¿ALGÚN EJEMPLO? Nelson Mandela, Rosa Parks, Martin Luther King... Es posible que hayas oído sus nombres en el colegio, o en alguna película, o quizás los has leído en un libro.

Son solo algunos de los personajes que han dedicado su vida a luchar contra el racismo y que pueden inspirarte con su ejemplo también hoy en la vida diaria.

Esto es lo que puedes hacer ahora: ¡DESCUBRIR SUS HISTORIAS!

SI EL MUNDO DE HOY ES MEJOR QUE EL DE AYER, ¡ES TAMBIÉN GRACIAS A ESTAS PERSONAS EXTRAORDINARIAS Y A SU VALENTÍA!

¿Sabías, por ejemplo, que, en Sudáfrica, donde vivía Nelson Mandela, estaba prohibido que las personas de raza negra y las blancas se casaran entre sí? Y, además, los negros tenían prohibido ir a algunas zonas de la ciudad e incluso a las escuelas para blancos.

Era en 1948, en los inicios del *apartheid*, término que significa 'separación', en este caso racial. En resumen, para el gobierno había unos ciudadanos más importantes que otros... Una injusticia, ¿no te parece? Nelson Mandela también lo pensaba.

Su lema era:
«TODO PARECE IMPOSIBLE, HASTA QUE SE HACE».

¡Y él consiguió hacer cosas que parecían realmente imposibles!

Estuvo encerrado en la prisión durante veintisiete años por sus ideas, y, aun así, tiempo después, se convirtió en el presidente de Sudáfrica... ¡una gran conquista!

ROSA PARKS, POR SU PARTE, VIVÍA EN ALABAMA, EN LOS ESTADOS UNIDOS...

Según ella, no era justo que en el autobús los blancos tuvieran la prioridad de sentarse. De hecho, los negros siempre se tenían que levantar o solo podían sentarse si todos los blancos del autobús ya estaban sentados, ¡siempre que guardaran la distancia conveniente!

ASÍ QUE, UN DÍA DE 1955, ROSA SE NEGÓ A CEDER SU LUGAR A UN BLANCO. ACABÓ EN PRISIÓN, IGUAL QUE NELSON MANDELA...

Entonces, Martin Luther King, que vivía en Alabama, tuvo una idea: en señal de protesta por lo que le estaba pasando a Rosa, pidió a la comunidad afroamericana que boicoteara los medios públicos, es decir, que no los utilizara. ¡Y muchos le hicieron caso!

AL FINAL SE ABOLIÓ LA LEY QUE DEFENDÍA LA SEGREGACIÓN RACIAL Y ROSA FUE LIBERADA...

¡FUE UNA GRAN CONQUISTA EN EL CAMINO HACIA LA IGUALDAD!

Aunque fueran grandes pasos adelante los que se dieron en el pasado, por desgracia el racismo existe todavía en muchísimos países y nosotros tenemos que recoger la herencia de quienes nos han precedido y nos han demostrado con hechos concretos que siempre merece la pena luchar por aquello en lo que creemos.

Pero Nelson Mandela, Rosa Parks y Martin Luther King no han sido los únicos. Otros muchos se han esforzado en combatir el racismo: ¡busca sus historias! Hay muchos libros, películas e incluso algunos programas de televisión que pueden serte útiles. Pide consejo a tus padres o a los maestros.

Por otro lado, un segundo paso es seguir su ejemplo. ¿Cómo?

PARA EMPEZAR, NO TE QUEDES NUNCA CALLADO. SI VES UNA INJUSTICIA, ES EL MOMENTO DE HACER ALGO.

06 ENFRÉNTATE A QUIEN EXPRESE IDEAS RACISTAS

Si no te ha pasado ya, seguramente te pasará en el futuro que te encontrarás con personas, puede que incluso amigos o compañeros de colegio, que manifiesten ideas racistas. A menudo están influidos por algo que han oído y se han hecho una idea equivocada sin conocer realmente las cosas. Puede que hayan oído algún comentario de un adulto, o que hayan leído noticias negativas sobre otros pueblos y culturas. Basta con tener miedo de alguien para convencerse de que es mejor evitarlo y llegar, en consecuencia, a tomarla con él. Recuerda que nadie nace racista, pero las personas siempre pueden acabar siéndolo.

ENTONCES, ¿QUÉ PODEMOS HACER?

Ante todo, podrías hablar del tema y explicar que no hay diferencias entre razas y que todas las personas pueden ser buenas o malas. Depende de cada uno de nosotros. No de la raza ni de la religión.
Pero ¿y si no te escuchan?

PASA A LA ACCIÓN...

¿UNA IDEA? ¡ORGANIZA UN TORNEO DEPORTIVO!

«¿Qué tiene que ver esto con el racismo?», te preguntarás. Bueno, estar en el mismo equipo es una manera excelente de descubrir que las diferencias de procedencia, color de la piel o creencia religiosa no cuentan y que lo que importa son las capacidades que tiene cada uno para ayudar al equipo. Al fin y al cabo, el deporte enseña a tener objetivos comunes y une a las personas (¡sean quienes sean!). Por eso puede ser una buena idea jugar un partido de fútbol o de baloncesto, voleibol o del deporte que más te guste. Implica a tus amigos, organizad los equipos y... ¡divertíos!

EN EL FONDO, EL DEPORTE LE DA A TODO EL MUNDO LAS MISMAS POSIBILIDADES DE EXPRESARSE, Y, CUANDO SE JUEGA EN EQUIPO, HAY QUE AYUDARSE PARA GANAR.

En cualquier deporte, además, se tienen que respetar tanto las reglas del juego como algunas normas de comportamiento muy concretas. Así, por ejemplo, si durante un partido de fútbol empujas a un adversario o le tiras de la camiseta, el árbitro puede señalar un penalti a favor del equipo contrario, o amonestarte con la tarjeta amarilla o, peor, con la tarjeta roja y ¡expulsarte del campo! También tú y tus amigos podéis decidir juntos qué reglas hay que respetar. ¿Cómo? Antes del partido, elaborad vuestro «manifiesto del deporte». Solo necesitáis un folio y un boli. ¿Y qué podéis escribir?

ANTES QUE NADA, UN GRAN SÍ AL RESPETO POR LOS COMPAÑEROS Y LOS ADVERSARIOS Y UN ENORME NO A CUALQUIER TIPO DE INSULTO.

● Y AHORA TOCA EMPEZAR A JUGAR... DIVIRTIÉNDOOS

Si además tú y tus amigos seguís las competiciones de vuestros equipos preferidos, demostrar esta afición es una buena manera de apoyarlos. Así pues, vía libre a los cánticos de animación para expresar alegría y demostrar que estáis cerca de vuestro equipo. Las palabras ofensivas, en cambio, no valen. Los silbidos o incluso los insultos ligados al aspecto físico, al color de la piel o al origen del jugador no tienen nada que ver con el deporte, que, en realidad, es un momento para compartir, una ocasión para enfrentarse con respeto y lealtad. ¡Exacto, precisamente lo contrario del racismo! Por lo tanto, los gestos y las palabras que expresan odio se tienen que parar enseguida.

Y PARA ESO TÚ TAMBIÉN PUEDES PONER DE TU PARTE.

07 PROMUEVE OCASIONES PARA EL ENCUENTRO Y LA AMISTAD

Ya lo has entendido: puedes hacer muchas cosas para enfrentarte al racismo.
En todo el mundo hay varias iniciativas: una es el

DÍA INTERNACIONAL DE LA ELIMINACIÓN DE LA DISCRIMINACIÓN RACIAL.
Se celebra cada año el 21 de marzo.

En este día recordamos, todos juntos, que el mundo es bonito precisamente porque hay muchas culturas, lenguas, religiones y orígenes diversos, como en un gran bosque donde crecen árboles de todo tipo: hayas, abetos, castaños... Así pues, ¿por qué no piensas tú también en algo especial para estar juntos y divertiros? Podrías organizar tu versión personal de este día internacional, quizás proponiendo a tus amigos montar una fiesta temática.

EN EL FONDO, ¡LA AUTÉNTICA AMISTAD NO CONOCE BARRERAS CULTURALES!

¿POR DÓNDE EMPEZAR? OBVIAMENTE, POR ELLOS... ¡TUS AMIGOS!

Pide a cada uno que explique las normas de un juego tradicional de su país de origen (o el de sus padres o, quizás, el de sus abuelos).

¿A QUE ES BONITO DESCUBRIRLO TODOS JUNTOS?

Por ejemplo, ¿sabías que la versión etíope del escondite se llama *kukulu*? ¿O que en Zambia se divierten con el juego de la serpiente? Dos grupos se sientan formando una serpiente agarrados por la cintura. Cada grupo se pone a un lado del campo de juego y, a la señal, tiene que atrapar, arrastrándose, a una «gacela» (es decir, a un jugador situado en el centro del campo). ¡El grupo que llega primero gana! Parece divertido, ¿no? ¡Pruébalo con tus amigos!

Tal vez tú mismo conozcas algún juego especial; tal vez tus abuelos o tus parientes más ancianos te hayan enseñado alguna variante que ahora no es tan conocida...

ASÍ PUES, ¿A QUÉ ESPERÁIS? ¡EMPEZAD A JUGAR!

EN UNA FIESTA, SOBRE TODO EN UNA MULTICULTURAL, NO PUEDE FALTAR LA BUENA COMIDA.

¡Descubrid juntos nuevos sabores y recetas! También podéis pedir ayuda a vuestros padres. Tal vez alguien lleve *samosas*, un entrante típico de la India que consiste en unas empanadillas vegetarianas fritas (u horneadas) y rellenas de una mezcla de verduras y especias y que se comen con las manos.

En cambio, aquella amiga de origen argentino os sorprenderá con el dulce de leche, una fantástica crema a base de leche y azúcar típica de los países de Sudamérica...

En resumen, ¡hay muchas delicias que probar para descubrir el mundo entero! También podéis preparar un plato todos juntos. Elegid entre las diferentes propuestas tuyas o de tus amigos.

¡MEZCLAD, AMASAD, CREAD...! ¿VERDAD QUE ES DIVERTIDO?

● ¿QUÉ MÁS FALTA PARA QUE LA FIESTA SEA INOLVIDABLE? ¡LA PUEDES ENRIQUECER CON MUCHAS IDEAS!

● Podrías crear una lista de reproducción de músicas del mundo, eligiendo una cada uno. Seguramente descubriréis que son muy diferentes entre ellas...

¡PERO ESTO ES PRECISAMENTE LO BONITO! SI OS GUSTA BAILAR, PODÉIS INVENTAROS UNA BREVE COREOGRAFÍA. SOBRE TODO ¡DIVERTÍOS CON RITMO!

● También podéis buscar en internet tutoriales de maquillajes o de decoraciones típicas: ¡hay muchísimos! Por ejemplo, ¿conoces la henna? Es un tatuaje temporal realizado con un colorante natural.
En algunos lugares del mundo, se utiliza en muchos momentos de fiesta. Quizás alguna madre o alguna hermana mayor sepa tatuar con henna y os pueda ayudar.

¿OTRA IDEA? BUSCAD SERIES DE TELEVISIÓN Y PELÍCULAS: ¡TENDRÉIS PROBLEMAS PARA ELEGIR SOLO UNA!

08 APRENDE PALABRAS EN OTRAS LENGUAS

¿SABES QUE LAS LENGUAS EXTRANJERAS SON MUY ÚTILES PARA HACER AMIGOS?

Por supuesto, cuando estás en el extranjero, pero también cuando te encuentras en tu país. A lo mejor tienes amigos o nuevos compañeros de clase que todavía no conocen bien tu lengua... Podrías ayudarles un poco y, a cambio, aprender palabras de la suya...

¡ASÍ DESCUBRIRÁS QUE HAY ALFABETOS INCREÍBLES Y SONIDOS QUE PARECEN AUTÉNTICOS TRABALENGUAS! EN RESUMEN, HAY MUCHO POR DESCUBRIR Y MUCHO POR APRENDER PARA COMUNICARNOS.

¿ESTÁS PREPARADO?

PERO ¿QUÉ TIENEN QUE VER LAS LENGUAS EXTRANJERAS CON EL RACISMO?

Para empezar, el lenguaje es uno de los elementos básicos de la identidad de un pueblo. Aprender que *ciao* en italiano significa 'hola', o que *arigató* en japonés quiere decir 'gracias', te permite comunicarte y establecer un primer contacto con quien ha llegado hace poco tiempo a tu país y tiene alguna dificultad para expresarse.

¿Y CÓMO SE PUEDE EMPEZAR?

Por ejemplo, con un juego: elegid objetos que tengáis a vuestro alrededor, objetos que cada uno tendrá que nombrar en su propia lengua; después, por turnos, cada uno tendrá que repetirlos en todas las lenguas. Ganará quien... ¡haya recordado más! Podríais hacer lo mismo con una canción, pero ¡puede que sea un poquito más complicado!

¡EN TODO CASO, APRENDER EN COMPAÑÍA SIEMPRE ES MÁS FÁCIL Y DIVERTIDO!

09 FUERA LOS DISCURSOS DE ODIO

¿SABES QUE EL RACISMO PUEDE SER TANTO REAL COMO VIRTUAL?
Exacto, en línea también te puedes encontrar «discursos de odio» (en inglés se utiliza el término *hate speech*). No los subestimes y recuerda que cada palabra que utilizas tanto en la vida diaria como en internet es importante.

POR LO TANTO, DEBES ESTAR ATENTO SIEMPRE: tanto si las palabras se dicen en voz alta como si se teclean, es fundamental reconocer si defienden el odio. A veces, escondidos detrás de una pantalla o de un avatar, olvidamos que, al otro lado, hay una persona de verdad, que tiene sentimientos y emociones y que puede sentirse herida por algunas palabras. ¿Cómo parar antes de que sea demasiado tarde? ¿Recuerdas lo que has leído sobre la empatía? Aquí tienes otro caso en el que este instrumento potentísimo te ayuda a hacerte las preguntas adecuadas: ¿son palabras ofensivas, brutales y malas? ¿Hacen sentir mal a quien las lee o a quienes las reciben?

SI LA RESPUESTA ES SÍ, EVÍTALAS Y EVITA A QUIEN LAS UTILIZA, *ONLINE* Y *OFFLINE*...

EN PRIMER LUGAR, PUEDES BLOQUEAR A LOS CONTACTOS QUE CONTINÚAN UTILIZANDO DISCURSOS DE ODIO.

De este modo, ya no tendrás que leer intercambios de palabras de odio. También en este caso, sería una buena idea hablar con los adultos y pedirles ayuda. Hay sitios de internet especializados que recogen denuncias e información de víctimas y testigos de casos de discriminación en línea. Quizás tus maestros o tus padres te puedan echar una mano para encontrarlos. Porque la web, si se utiliza bien, puede ser un recurso increíble para apoyarse los unos a los otros y para encontrar información importante. Además, es un medio excelente para compartir palabras de amistad, respeto y tolerancia (y de evitar, así, ofender y marginar a los demás).

EL RACISMO Y EL ODIO SE PUEDEN COMBATIR DE MUCHAS MANERAS... ¡TAMBIÉN EN LÍNEA!

10 NO TE QUEDES CALLADO

Puede que ya hayas asistido a un episodio racista alguna vez. O que una amiga o un amigo lo hayan sufrido y te lo hayan contado.

EN ESTE CASO, ¿CÓMO HAY QUE ACTUAR?

Ante todo, es muy importante no hacer como si nada, sino actuar enseguida. Lo mejor es avisar a quien pueda intervenir (un maestro, un vecino, tus padres o los suyos).

Después garantízale a la víctima que siempre podrá contar con tu ayuda. Así, si te lo pide, podrás acompañarla cuando hable con sus padres o con un maestro. Y si ella no se siente con fuerzas, hazlo tú por ella.

NO TE PREOCUPES, NO ERES UN SOPLÓN. ¡AL CONTRARIO! RECUERDA QUE EL SILENCIO NOS HACE CÓMPLICES.

SI, EN CAMBIO, ERES TÚ LA VÍCTIMA DE COMPORTAMIENTOS RACISTAS... ¡VALEN LAS MISMAS INDICACIONES, OBVIAMENTE!

Habla cuanto antes con quien te puede ayudar de verdad: los adultos son aliados válidos, ya lo verás. O da el primer paso explicando la situación a tus amigos: es importante que pidas ayuda, y que los demás sepan lo que te ha pasado.

PORQUE CUANTOS MÁS SEAMOS, MEJOR PODREMOS ENFRENTARNOS A QUIEN SE PORTA MAL.

Y cada cual puede desempeñar su papel: víctimas y testigos.

Lo que cuenta es intervenir tan pronto como sea posible y no olvidar que juntos se puede superar el racismo. ¿Te acuerdas de Nelson Mandela, Rosa Parks y Martin Luther King?

¡Piensa qué habría pasado si se hubieran quedado callados ante las injusticias! Efectivamente, el mundo hoy sería un lugar peor. Por lo tanto, la unión hace la fuerza:

¡HAGAMOS QUE NUESTRA VOZ SE OIGA FUERTE Y CLARA!

CLARISSA CORRADIN

Clarissa nació en Ivrea, Italia, en 1992. Asistió a la Academia de Bellas Artes de Turín, donde estudió pintura e ilustración. Actualmente trabaja apasionadamente en ilustraciones para libros infantiles.

ELEONORA FORNASARI

Eleonora vive en una bonita casa rodeada de árboles, ardillas y... libros, algunos de los cuales escribió ella misma. Desde muy joven comenzó a llenar cuadernos y diarios con muchas historias y personajes imaginarios. Cuando se quedó sin papel, empezó a escribir para la televisión. Hoy en día es una consumada autora y escritora de televisión, y enseña en la Università Cattolica en Milán, Italia.

LIBRO AMIGO DE LOS BOSQUES
PAPEL PROCEDENTE DE FUENTES RESPONSABLES

Reservados todos los derechos. Cualquier forma de reproducción, distribución, comunicación pública o transformación de esta obra solo puede ser realizada con la autorización de sus titulares, salvo excepción prevista por la ley. Diríjase a CEDRO (Centro Español de Derechos Reprográficos) si necesita fotocopiar o escanear algún fragmento de esta obra (www.conlicencia.com; 917 021 970 / 932 720 447).

Derechos cedidos por Edicions Bromera, SLU (www.bromera.com).

Título original: *10 idee per sconfiggere il razzismo*

© White Star s.r.l., 2021
Piazzale Luigi Cadorna, 6 / 20123 Milán, Italia
www.whitestar.it
WS White Star Kids® es una marca registrada propiedad de White Star s.r.l.

Realización gráfica: Valentina Figus
© Traducción: Pau Sanchis Ferrer, 2021
© Algar Editorial
Apartado de correos 225 - 46600 Alzira
www.algareditorial.com
Impresión: Anman

1.ª edición: octubre, 2021
ISBN: 978-84-9142-520-5
DL: V-2398-2021